RESTAURANTE

PASIÓN Y MÉTODO, CLAVE DEL ÉXITO

RESTAURANTE

PASIÓN Y MÉTODO, CLAVE DEL ÉXITO

Jose Llopiz

Número de Control de la Biblioteca del Congreso de EE. UU.:   2013911967
ISBN: Tapa Dura   978-1-4633-6118-1
                     Tapa Blanda   978-1-4633-6120-4
                     Libro Electrónico   978-1-4633-6119-8

Información de la imprenta disponible en la última página.

Fecha de revisión: 14/01/2016

Para realizar pedidos de este libro, contacte con:
Palibrio
1663 Liberty Drive
Suite 200
Bloomington, IN 47403
Gratis desde EE. UU. al 877.407.5847
Gratis desde México al 01.800.288.2243
Gratis desde España al 900.866.949
Desde otro país al +1.812.671.9757
Fax: 01.812.355.1576
ventas@palibrio.com
465168

Este libro es para empresario que sueña con tener su propio restaurante.

Es para esa persona que siente pasión por la gastronomía, hospitalidad, servicio, es para ese empresario que desea que sus empleados aprendan mas en el área de la gastronomía.

Sobre el Autor

Nací en Santiago de Cuba 1964, Cuba

Cubano americano

Emigre a los EEUU 1980 edad de 16 años empecé a trabajar en restaurante fregando platos, en poco tiempo pase a preparar 3 platos de ese restaurante.

Estudie asistente médico, rayos x, pero mi interés por el servicio gastronómico era mayor que la medicina.

1981 empecé a trabajar en un restaurante de nombre internacional, llegue a ser gerente de unos de sus restaurantes esta compañía capacitan a sus gerentes semanalmente.

ÍNDICE

El triunfador real

¿Cuál es la mayor diferencia entre la gente que triunfa y la mediocre?

Un inmigrante puso los ahorros de su vida en el comienzo de un negocio; luego, la tragedia amenazó con derrotarlo. Pero en lugar de eso él lo derroto y en el proceso levantó un negocio de prestigio en su comunidad. ¿El secreto? El era dueño de la única cualidad servir a su comunidad y ganar a la mediocridad.

La diferencia entre la gente mediocre y la gente de éxito es su percepción de y su reacción al fracaso. Ninguna otra cosa tiene la clase de impacto en la capacidad de las personas de alcanzar y llevar a cabo cualquier cosa que se propongan y deseen. Tenía miedo fracasar.

Una experiencia que tuvo este inmigrante en la familia, su tío les dijo no vas a lograr ni siquiera abrirlo su reacción fue típica de lo que sabía que debería enfrentar. El primer día de su primer año en aquel nuevo local para un restaurante. ¿Cuál fue su primera reacción? ¡Miedo! Y no quería empezar ahora, de manera que la primera pregunta que él se hizo :

«¿Qué querrá mi tío?»Lo transformó en un juego que él dijo quiero ganar.

Antes de abrir un restaurante los pro y los contras.

Describa el restaurante que usted desea. Servicios que desea vender/ofrecer.

¿Puedes competir?

Porque su producto es potencial en esa área. ¿Quiénes comprarían sus comidas?

El tamaño del local.

¿Hay otros restaurantes en su área que ofrecen lo mismo? ¿Cuáles son sus puntos fuertes /débiles? ¿Puede competir con sus competidores? ¿Tiene el personal calificado para desempeñar el trabajo? ¿Puede usted competir con otros en su área?

Plan de negocio

Al comenzar el nuevo restaurante.

Obtener financiamiento es importante obtener un plan de negocio el plan de negocio es una forma excelente para comunicarse con los banqueros, socios, proveedores este plan les da al dueño un plan de negocio de 3 a 5 años.

Breve historia de su negocio o experiencias.

Descripción de sus productos o servicios.

La forma en que se llevara a cabo los servicios.

Plan mercadería.

Resume de la experiencia y capacidades de su equipo de administración /gerencia.

Resumen de sus proyecciones financieras.

La cantidad de dinero que necesita, en qué forma lo va a conseguir, como lo invertirá y como lo reembolsara.

Nota: establezca un horario y días que el negocio está abierto eduque desde un principio a sus invitados de su horario, luego si va a modificar déjeles saber con tiempo por medios escritos y en las puertas x día cerramos a x hora al menos 2 semanas antes.

Mercadeo

En esencia un restaurante, depende mucho de cómo lo conciba su dueño para que adquiera su personalidad propia. Y es que los negocios comienzan en la cabeza de su creador. No pasa de ser una idea porque no encuentra cómo darle forma y allí muere el negocio, sin haber nacido siquiera; Se lanza a emprender un negocio sin tener estructurado un concepto completo, lo que lleva a encontrarse con situaciones difíciles al momento de tener establecida la empresa. Concentre se en la palabra interesante "concepto". Estructurar un "concepto de negocios" es el primer paso.

El concepto de negocio no es nada más que una forma ordenada de presentar la idea. Es muy importante porque te permite ordenar y visualizar las ideas para darle forma al negocio que quieres crear, sin haber invertido de su capital. Es decir, minimiza el riesgo porque antes de iniciar la empresa comienzas por darle forma. Luego podrás proceder a hacer un plan de negocios, una investigación de mercado, pero ya tienes tu idea conceptualizada, lo que te permite tener un norte para la empresa que deseas crear. Los elementos: Concepto de negocios, mercado meta, beneficio esperado, momento de uso, identificación del producto y de precios. Por ejemplo, veamos cómo la idea negocios: "quiero abrir un restaurante" se puede traducir a una diferente empresa dependiendo del concepto. Un restaurante de comida rápida que ofrezca un menú de pollos fritos, papas fritas, ensaladas Mercado meta: Personas que trabajan en las zonas comerciales y que deben salir a almorzar cerca de su lugar de empleo y regresar rápido al trabajo. Beneficio esperado: La comida se sirve muy rápido y a un costo accesible: Almuerzo principalmente. Identificación del producto: Personas que desean pasar un rato agradable platicando con sus amigos o familias mientras disfrutan de un menú. Beneficio esperado: Ambiente agradable, menú a la carta, comida fresca. Horarios de uso: Cena y comidas de fines de semana. Identificación del producto: Alimentos, precios: accesible.

Mercadeo análisis

Haga una proyección realista de ventas.

Ejemplo:

Mesas De4cillas.	Tiempos min x Invitados.	Gastos x Invitado.	Total en 30min	6am-10pm 16horas.
10 x4=40	25-30	$3.50	$140	$4480

Regla del 3

Lunes. $4480.00

Lunes. $4090.00

Lunes. $3985.00

Total. $12555.00 /divides entre 3 =$4185.00 para el próximo lunes.

Nota: tenga en cuenta eventos en su área, o días feriados .Te explico es costumbre de tu país ese lunes de x mes vas 3 años atrás de la misma fecha cual fue tu venta.

Gerente seguridad alimentaria

Seguridad alimentaria en el restaurante de empleados y invitados de honor.

Las enfermedades más comunes transmitidas por los alimentos son:

Los alimentos comúnmente reconocidos: por las bacterias Campylobacter, Salmonella y la E. coli O157:H7 y por un grupo de virus llamados calicivirus, conocido también como virus de o parecidos al Norwalk.

Campylobacter es un patógeno bacteriano que ocasiona fiebre, diarrea y calambres abdominales.

Estas bacterias viven en los intestinos de aves saludables y la mayor parte de la carne de pollo cruda contiene Campylobacter.

Salmonella es también una bacteria que está propagada en los intestinos de las aves, reptiles y mamíferos.

Puede propagarse a los seres humanos a través de toda una serie de alimentos diferentes de origen animal:

Característicamente fiebre, diarrea y calambres abdominales.

En las personas con sistemas inmunológicos subyacentes de salud deficiente o debilitada, puede invadir la corriente sanguínea y ocasionar infecciones que ponen en peligro la vida

E. coli O157:H7: La enfermedad que ocasiona es a menudo una diarrea aguda y sanguinolenta y calambres abdominales dolorosos, sin mucha fiebre.

Requisitos para ser gerente

Licencias y certificado de salud alimentaria para el local.

La lista de medidas: sencillas para gerentes de restaurantes.

Para educar al personal del restaurante buena higiene.

a) Asegurar la salud y seguridad de sus empleados e invitados
b) Asegurar que haya personal con experiencia para dirigir el restaurante.
c) Gerente debe estar certificado por salud pública.
d) Gerente debe capacitar al personal en diferentes áreas.
e) Gerente a cargo del restaurante debe hacer una inspección del restaurante en busca de riesgos para identificar y poner en práctica procedimientos.
f) Gerentes debe crear reuniones con el personal del restaurante para discutir la salud y seguridad del personal, invitados y las comidas sanas y seguras.

g) Gerente darles información sobre primeros auxilios y donde se encuentra el boutique de primeros auxilios.

h) Procedimientos en caso de emergencias, robo, incendio, accidentes.

i) Y precauciones, alertas, ejemplo: puerta de salida, extinguidos para incendios, alarmas, donde apagar las luces en caso de emergencia o simple en la mañana prenda estas luces.

Caso de robo mantener la calma

Recuerdo que eran las 12:05am cuando estábamos todos haciendo la limpieza general cuando a un empleado se les ocurrió botar la basura por la puerta de atrás de pronto este regreso con un ladrón que apuntaba con su pistola que nos sentáramos en el suelo, la gerente abrió la caja fuerte y entrego todo el dinero. Yo corrí al patio a ver si veía el carro cuando pasaba un auto de policía tome una piedra y se la lancé este paro de inmediato apuntando me con su pistola me pregunto qué ocurre? Nos acaban de robar necesitamos ayuda, el dueño de un negocio había visto el auto parado con las luces apagadas y apunto la chapa y el modelo del auto corrió y me pregunto delante del policía que ocurrió? Nos robaron todo el dinero...este les dio un papel con los detalles en 30 minutos ya tenían el dinero y a los ladrones.

Mi recomendación es que después que este oscuro nunca abran la puerta de atrás ni siquiera por entregas de mercancías, todas deberán ser por la puerta delantera.

Gerente es representante legal

Gerente actúa como representante legal del restaurante fija las políticas administrativas operativas y calidad en base a los parámetros de la junta directiva.

Lidiar y dirigir el proceso de planeación estratégicas del restaurante.

Aumentar la venta

Una forma de aumentar las ventas en un restaurante es promoviendo aquellos productos con los que haces la mayor cantidad de dinero.

Estos productos no representan necesariamente los más caros en el menú, sino que a menudo son los más baratos de tu restaurante.

Entrena a tus cajeros o meseros para que sugieran estas opciones específicas del menú.

Una comida y un postre por un precio fijo como modo especial Ofrece al invitado una opción para cada componente de la oferta. Te puede dar lugar a una mayor ganancia.

Determina otras maneras de promoverlas, como anuncios publicitarios.

Considera la posibilidad de publicar tu negocio letreros en el local anunciando algún especial también por: Twitter, Facebook, periódicos locales, son formas de medios sociales. Trata que tu menú sea fácil de entender.

Determinando los factores los objetivos y metas.

Planificar supervisar las actividades del área de venta.

Aprueba y supervisa las compras.

Aprueba y revisa los presupuestos del restaurante.

Gerente tenga una hoja de trabajo

Inventarios para el funcionamiento del restaurante.

Comidas, bebidas, papelerías, presupuesto de ventas.

No debe faltar nada de lo que usted ofrece a sus invitados.

Lista de proveedores.

Alimentos.

Bebidas.

Reparación y mantenimiento.

Horarios para el personal.

Horario de descanso (ahorrar)

Nominas y beneficios.

Gastos de administración.

Publicidad y promoción.

Gastos fijos.

Renta.

Seguros del local

(asegures e de contratar un agente de seguro Comercial)

Un plan de seguros es esencial para proteger el negocio contra pérdidas imprevistas.

Protección contra pérdidas.

Protección contra pérdidas de incendio.

Vandalismo o daños climáticos.

Pérdidas de ingresos o gastos extras a causa de incendios y otras catástrofes.

Contra mercancías y dinero en efectivo.

Contra fraude de dinero falsificado, cheques, hurto, tarjetas de crédito robadas.

En caso de un accidente dentro de la propiedad del restaurante.

Seguro de protección al cliente causados al ingerir alimentos.

Seguro de compensación para los empleados por accidentes o, lesiones ocurridas en el trabajo.

Seguro de vida todo el personal

Seguro por negligencia para cubrir el dueño y el restaurante por daños resultado de servicios.

Seguro contra descuidos y errores cubrir lesiones o pérdidas por errores cometidos.

Hay estados en USA que puedan exigirles que tenga un seguro de desempleo para sus empleados.

Explore haga un análisis de la situación no hagas conclusiones a lo rápido, piense antes de dar soluciones

Observe.

Gerente 360 grado.

Pregunte?

¿Cómo?

Que efectos pueden causar a los empleados o a los invitados (clientes)

Pida opiniones antes de dar la suya.

Mente abierta

Tenga una mente abierta para el empleado o el invitado pueda que usted este equivocado.

Déle un entrenamiento a sus empleados en el área para cual fue contratado.

Nota: el empleado debe estar entrenado y disponible para ocupar cualquier posición que se les necesite.

Tenga una proyección de los productos que va a cocinar hoy.

Cocine de acuerdo a sus proyecciones.

No venda comidas que se vencieron el invitado sabe cuando una comida es vieja y lo puedes enfermar.

Trate de no quedarse sin productos hoy en día solo tenemos 30 minutos para el almuerzo o la cena.

Antes del cambio de turno asegures e de tener suficientes productos.

Los cajeros que entran deben estar listos para tomar órdenes antes de cerrar la otra registradora.

¿Saben sus empleados sus posiciones?

¿Saben sus empleados quien es su compañero (a) de trabajo?

¿Preparó usted una lista de las actividades para hoy?

¿Hizo una lista de las limpiezas para cada turno?

¿Reviso su inventario antes de abrir el restaurante hoy?

El inventario debe ir acorde con la venta.

Advierta: a sus cajeros a que el gerente de turno puede en cualquier momento hacer una auditoria.

Auditoria -cajero

Para hacer una auditoria al cajero primero debe hacer un inventario empezando por las neveras, luego área del cocinero, luego en el display, luego imprima un reporte, luego cuente el dinero en frente de su cajero.

Tienes suficiente empleados para cubrir las necesidades del restaurante

¿Como tú lo estás haciendo con tus proyecciones?

Gerente nunca debe estar en una sola posición, este debe caminar en todas las áreas para asegurarse que estén usando las higiene, sistema fifo; primero entro primero salió.

Buen trato hacia los invitados, escuchar si hay malas actitudes, como van los servicios a los invitados.

Algunos restaurantes están usando unos audífonos para escuchar lo que esté pasando en el frente muy efectivo ej: si usted está en la oficina y escucha que hay un asalto solo presiona el botón de alarma y listo.

Cámaras en el área de procesar los alimentos obliga al empleado a ser más cuidadoso.

Contador

La teneduría de libros de contabilidad, la nomina de pagos y la administración, son elementos esenciales para el éxito del restaurante.

Los registros de las compras, nominas, utilidades.

La contabilidad es el análisis que ve el dueño y les ofrece una vista clara del éxito y el estado del negocio.

Abogados

Cubren una variedad de especialidades.

Es importante contratar un abogado con experiencia en el área que se necesite.

Banquero

Tenga una buena relación para que lo pueda asistir durante dificultades financieras.

Diseño del restaurante

Deben considerar que la primera impresión que tiene el cliente es el área de servicio incluyendo área de espera.

Baños

Personal del restaurante limpio y uniformado.

Mesas

Mesas limpias y cillas limpias (no pegajosas)

Comedor con colores suaves no caliente suelen alterar al personal y invitados.

Invitados porcentajes

que llegaran tu restaurante

40%parejas

30% solos

20% grupos de 4

El área

El área de preparación de alimentos deberá tener suficiente espacio entre el comedor y la cocina.

Para equipar completamente un restaurante debería de incluir lo siguiente.

La entrada a los baños (para personas con impedimentos (físico)

Tamaño local

Un restaurante básico puede ser 525 pies cuadrados con capacidad para 35 invitados

Ventas anuales entre $ 450 mil los $ 750 mil dólares al año.

Equipos Condiciones

Los equipos deben de estar en óptimas condiciones para el buen funcionamiento del restaurante.

Los equipos deben de estar calibrados.

Este seguro que tenga el nivel de aceite antes de prenderlos.

Este seguro que este a una temperatura superior a los 350 grados F. antes de freír.

Hay equipos automáticos que se apagan al ponerles un tiempo a la comida que esta ofrendo.

Este seguro de tener suficientes productos cocinados antes de apagar la freidora para limpiar el aceite.

El aceite

La limpieza del aceite es importante esta les dará una vida más larga a su aceite.

Aceite está quemado existe una varilla para introducirla en el aceite si usted puede ver el metal del medidor es que su aceite está en buenas condiciones, de lo contrario deberá botar el aceite.

Una vez que el aceite este botado lave la maquina con agua y jabón seque bien con papel toalla o toallas de tela. Nota: nunca hierva agua con químicos como modo de limpieza

Estos químicos pueden hervir tanto que puede causar graves quemaduras.

No deje sin atender el aceite o grasa caliente.

Llene solo la mitad de las canastas de las freidoras.

Aleje se y baje suavemente las canastas de las freidoras.

Mantenga los líquidos y bebidas alejados de las freidoras.

Use freidoras automáticas a la vez estas bajan se filtra la grasa y rinde mas.

No rellene mucho de aceite pues se puede quemar.

Hornos

Hornos para mantener las comidas calientes deben de tener 180 grado F 5 + 5 - mantener bandeja de agua dentro llena.

Cerrar local

Al cerrar el local este seguro que todos los equipos estén apagado.

Gerente de turno deberá caminar asegurando que todos los equipos estén apagados o debidamente sin riesgo de incendio mientras el local está solo.

Equipos temperaturas

Equipos para el maíz hervidos 160 F.

Nevera de caminar dentro 33 grados F a 40 grados.

Congeladores +10 F grados y -10 grados F.

Maquina de perros calientes 170 grado F.

Extintores y Gerente

Gerente debe mantener varios extintores.

Área del comedor.

Área de la cocina.

Extintores

Su ubicación debe ser en un lugar de fácil acceso a los empleados cerca de una ruta de escape o salida sin exponernos a posible a lesiones.

Cada ciudad tiene su código.

Al operar un extintor es útil las siglas "JAAB" significa Jale apunte, apriete y Barra.

a) Jale pasador.
b) Apunte la boquilla del extintor a la base del fuego.
c) Apriete la manija mientras sostiene el extintor en posición vertical.
   Esto hace que el agente dentro del extintor se descargue.
d) Haga movimientos de barrida de lado a lado hasta que se ha apagado.

Vigile el área del fuego si el fuego comienza nuevamente, repita el proceso.

Fuego y extinguido.

La importancia de lo extinguidos, empleados y gerente de turno.

Utilizar los extintores apropiados para cada tipo de fuego.

El fuego es una reacción química que involucra un incendio rápido de combustible, puede ser liquido, o Secos.

Fuegos clase A

Contienen material combustibles ordinarios: Maderas, Papel, Tela, Goma, Algunos plásticos

Agua a presión, espuma o extinguidos con químicos secos multi-uso

Nunca utilice extintores de dióxido de carbono o de químico seco ordinario en un fuego clase A.

Los fuegos Clase B

Involucran líquidos inflamables o combustibles, tales como gasolina, queroseno, pintura, disolventes de pinturas y gas propano.

Estos tipos de fuegos deben ser apagados utilizando extintores de espuma, dióxido de carbono, químicos secos ordinarios o químicos secos de uso múltiple y de halan.

Fuegos Clase C

Involucra equipos eléctricos energizando, tales como aparatos eléctricos interruptores, paneles, y tableros de electricidad.

Puede utilizar un extintor de carbono, químico seco ordinario, químico seco de uso múltiple o uno de halon para combatir fuegos Clase C nunca debe utilizarse agua en fuegos eléctricos ya que existe el riesgo de una descarga eléctrica.

Fuegos Clase D

Involucran ciertos metales combustibles, tales como magnesio, Titanio, potasio, o sodio.

Estos metales arden a temperaturas tan elevadas que permiten absorber el oxigeno de otros materiales haciendo posible la combustión.

Estos fuegos pueden reaccionar violentamente con el agua u otros químicos y deben ser manejados con mucho cuidado

Solo se deben utilizar los agentes extinguidos de polvo seco que estén especialmente diseñados para extinguir el material específicamente involucrado.

Fuegos A B C

Extintor adecuado es importante identificar los diferentes tipos.

Los extintores tienen símbolos de códigos de colores en la placa frontal que muestran su clasificación:

A triángulo Verde.

B cuadrado rojo.

C circulo azul.

D estrella amarilla.

Algunos extintores están marcados con múltiples clasificaciones tales como:

AB, BC, ABC.

Pueden apagar más de una clase de fuego Extintores

Su ubicación debe ser en un lugar de fácil acceso a los empleados cerca de una ruta de escape o salida sin exponernos a posible a lesiones.

Descuidos

Incendios: La mayoría son por descuido.

Antes de bajar el aceite asegures e que este apagado el equipo.

Si el empleado bajo el aceite al filtro este debe apagar el equipo antes.

Inspecciones extintores

Los extintores requieren de inspecciones, mantenimiento y pruebas rutinarias.

Los gerentes son responsables de que se lleven acabo inspecciones chequeando la fecha de vencimiento.

Flamante

Cilindros de gas maneje los al ser completamente capacitado.

Siga las instrucciones

Prevención quemaduras

Prevención.

Ajuste las llamas de los quemadores.

No uses ropa holgada cuando trabaje cerca de estufas, hornos.

Las mangas abotonadas.

Use precaución al andar con los alimentos que están en el fogón.

Deposite con cuidado los alimentos en el agua que esta hirviendo o friendo.

Prevenir heridas

Si un empleado se corta debe enviarlos al hospital para curar su herida y evitar infecciones.

Las heridas pueden sangrar en los alimentos y pude contaminar hay personas que no saben que tienen:

Sida,

Hepatitis c,

Tuberculosis,

La salmonella es la causante de la mayoría de las muertes.

Seguida por toxoplasma y listerina.

Las bacterias de medio cultivo pueden causar intoxicación alimentaria.

Cuchillos y electrodoméstico

Nota: debe ser mayor de 18 años para operar electrodoméstico y cortar con cuchillos.

No ponga cuchillos en fregadero de platos mezclados con otros platos.

No ponga vasos de cristales en el fregadero de paltos deben ser lavados por separados.

Utilice cuchillos de tamaños y tipo adecuados para cada tarea.

Utilice habré cajas para abrir empaques.

Guantes resistentes a cortaduras.

Ponga paños debajo de las tablas de cortar.

Al pasarles el cuchillo al otro empleado póngalos con el filo hacia abajo.

Mantenga los dedos doblados al cortar alimentos

Moledoras y ablandadoras.

Introduzca los alimentos usando palancas no uses los dedos.

Apague todos los equipos eléctricos al terminar póngalos en cero.

Limpie los equipos según los van usando.

Levantar cargas

Utilice una carretilla siempre.

Mantenga la carga cerca de su cuerpo

Mire por donde va que hay delante de usted.

Acerque la carga al cuerpo lo más que pueda antes de levantarlas.

La espalda y la cabeza debe estar firme lo mas derecha posible, levante la carga con las piernas, no con la espalda.

Higiene personal

Uñas limpias y cortas.

Pelo bien arreglado y limpio.

No peinarse en el área de procesar las comidas.

No masticar chicles en el área de procesar las comidas.

No estornudar en el área de procesar las comidas.

No manipule utensilios o alimentos después de limpiar mesas o lavar platos sin antes lavarse bien las manos.

No ir al baño con delantal.

No limpie las manos de su delantal.

Uniforme limpio.

Use enjuagues bucales.

No comer área de trabajo.

Efectuar un baño diario antes de empezar a trabajar.

Un empleado que presente una diarrea aguda debe informar al gerente para que este tome las medidas correspondiente.

Esta incluirán abstener al personal enfermo de manipular alimentos, recomendar consultar con su médico.

La higiene "BAC!"

Responsabilidad del personal que está manejando alimentos.

Limpieza.

Lavarse por 20 segundos jabón debe producir una cantidad de espuma, asegurase que no quede resto de jabón.

Lavarse las manos antes y después de ir al baño.

Al tocar cestos de basuras, tocar escobas, trampeador tocar equipos.

Después de andar con dinero para luego andar con comidas.

Lavarse las manos si estornuda

Lavarse las manos si se toca la cara, ropas, cabellos, nariz, luego de fumar, comer, beber, fregar platos.

Seque las manos con toallas o papel o secador de aire caliente.

Mantenga un registro de las limpiezas.

Fecha Limpieza y desinfección verificación.

Plan de saneamiento básico "BAC!"

Limpieza y desinfección.

Desechos líquidos y sólidos.

Control de plagas.

Agua potables: el restaurante donde se procesa los alimentos para consumo humano.

Plan de saneamientos con objetivos y procedimientos requeridos para disminuir los riesgos de contaminación en los alimentos y garantizar su inocuidad.

Como lo exige el código de salud alimentaria.

Limpieza y desinfección:

Deben satisfacer las necesidades para el proceso de los alimentos.

Restaurante debe mantener por escrito los procedimientos de limpieza incluyendo los agentes y sustancias utilizadas.

Alimento inocuo

Limpieza y desinfección es garantizar al consumidor un alimento inocuo.

Con el fin de prevenir la contaminación biológica, química y física de los alimentos productos inocuos.

La higiene de los equipos y procesos.

Prevenir bacterias químicas o físicas.

Mantener la higiene en todo momento de acuerdo con las leyes de salud alimentarias.

Exija a sus empleados limpieza separe, cocine, temperaturas.

Limpieza de los utensilios, materia prima higiene personal durante y después del proceso de los alimentos para garantizar un alimento inocuo a su invitado y no poner en riesgo su salud.

3 pasos que debe seguir.

Detergentes.

Desinfección.

Esterilización.

Usted debe describir todo tipo de operación, frecuencia, implementos y procedimientos.

Entrenar a su empleado cada que tiempo cambiar las aguas cantidad de agentes químicos para evitar molestar a sus invitados o empleados.

Escriba Diario que se deben limpiar.

Clasificados por colores

Escoba de la cocina roja.

Trampeador de la cocina rojo.

Área del invitado otro color.

Contaminación cruzada.

La contaminación cruzada es la manera científica que se usa para explicar como la bacteria puede extenderse de un alimento a otro mantenga separados.

Divida en cinco su restaurante

1) Limpieza.
2) Separar los alimentos de otros.
3) Cocínelas.
4) Temperaturas.
5) Enfriamiento.

Separe los alimentos

A) Los alimentos deben de estar a 6" del suelo.

B) Las carnes deben estar en el refrigeración si se van a cocinar en un periodo de lo contrario debe congelarse,

Descongele carnes o pescados en el refrigerador nunca fuera las refrigeraciones.

C) Los vegetales deben de estar separados todo el tiempo en neveras o a la hora de cocinarlos.

D) Tabla de cortar debe ser lavada cada uso con agua caliente y jabón

Mantenga el jugo (sangre) de las carnes lejos de las comidas cocinadas

Nunca pongas comidas cocinadas donde previamente usaste para cortar carnes sin antes lavar el área con agua y jabón.

Pinzas por colores

Pinzas rojas son para uso de carnes.

Pinzas verde para uso de vegetales.

Pinzas azules mariscos.

Pinzas amarillas…

No uses otra pinza que no sea la de su color, puede contaminar los alimentos.

Si tocas comidas crudas y tienes que servir comidas cocinadas tienes que lavarte las manos.

Cocina y bacterias

Las comidas deben ser bien cocinadas para prevenir bacterias.

Los niños menores de 5 años los ancianos mayores de 65 años mujeres embarazadas son mas propensos a enfermarse por envenenamiento por alimentos intoxicados.

Las bacterias nocivas en los alimentos.

Algunas enfermedades, como ciertos tipos de artritis, pueden tener su origen en alimentos contaminados.

Si el alimento es conservado a temperatura ambiente algunas bacterias pueden multiplicarse muy rápidamente.

No dejar alimentos cocinados a temperatura ambiente por mas de 2 horas.

En cambio por debajo de los 5 grados C o 41grados F o por encima de 60 grados C o 140 grados F.

El crecimiento de bacterias se detiene algunas bacterias peligrosas pueden desarrollarse a temperaturas menos de 5 grados C o 41 grados F.

Enfriar lo mas pronto posible los alimentos cocinados y los perecederos (preferentemente) por debajo de 5 grados C o 41 grados F.

Enfermedades transmitidas por los alimentos.

Las carnes

Pescados

Vegetales

Huevos

Verduras

Vegetales

Frutas

deben ser lavados antes de cocinar.

El manipulador de alimentos debe lavarse las manos antes de andar con cada producto.

Preferir alimentos ya procesados tales como leche pasteurizada en lugar de leche cruda.

Termómetro

En las aves coloque el termómetro de alimentos en parte mas interna del muslo

y ala en la parte mas ancha de la pechuga.

Pavo de 20 libras necesita de 4-5 días para descongelarse en el refrigerador.

Pavo será seguro cuando la temperatura llegue a los 165 grados F.

Pavo relleno la temperaturas del relleno también debe ser 165 grados F

Huevos cocinados hasta que la yema y la clara estén firmes.

Cocción mínimo esta tabla y un termómetro de alimentos para asegurarse de que las carnes, aves, mariscos y otros alimentos cocidos alcanzar una temperatura interna mínima adecuada, las carnes con un color rojo es que no están cocinadas

Las temperaturas destruyen los gérmenes nocivos.

Descongele con seguridad en el refrigerador, debajo del agua corriendo o en microondas que se hayan descongelados en aguas calientes frías o en microondas

Temperaturas grados	F.	C.
Carnes molidas.	160 F	71 C
Carnes	160 F	71 C
Puercos	160 F	71 C
Chivos	160 F	71 C
Jamón fresco.	145 F	62 C
Jamón pre- cocción	145 F	62 C
Huevos.	145 F	62 C
Pescados.	145 F	62 C
Mariscos.	145 F	62 C
Crustáceos	145 F	62 C
Moluscos.	145 F	62 C
Pescado rellenos.	165 F	73 C
Pollo.	165 F	73 C
Rellenos de Carnes	165 F	73 C

Rellenos de ave	165 F	73 C
Relleno carne cruda.	165 F	73 C

Alimentos que han sido cocinados previamente y enfriados deben ser calentados
a: 165 F.   73 C

Temperatura y vida

Comidas y temperaturas.

PRODUCTOS	TIEMPO COCINANDO	TEMP. Mínimo	vida	Temp.
Papas fritas	2 min30 sec	165 F	10 min	140 F
Parrilla	4 min 45 sec.	165 F	60 min.	140 F
Freidoras.	5 min15 sec.	165 F	30 min.	140 F
Pollos fritos.	16min.	165 F	1:30 min	140 F
Alas-pollos----------------------		165 F	90min.	140 F
Lechugas. ----------------------			final día	33-40 F
Cebollas-------------------------			final día.	33-40 F
Tomates-------------------------			final día	33-40 F

Microondas 900watt.			Mojado o seco	
Maíz 2-4	10 min.	160 F	3 hr.	140 F
Maíz 5-9	15 min.	160 F	3 hr.	140 F

Maquina de cocinar maíz.				
Maíz 1-5	20 min.	160 F	3 hr	140 F
Maíz 6-15	35 min.	160 F	3 hr.	140 F

Biscuit.	45 min. Horneados. 350F.	1 hr.	140 F
Biscuit.	En el Congelador hasta	120 días	+10 -10 F
Macaron con Queso Horneados 350 F	4 hr	140 F
Queso	En el congelador hasta	15 meses	+ 10 -10 F
Camarones	En el congelador hasta	180 días	+ 10 - 0 F

Fregados

Limpieza de los utensilios, materia prima higiene personal durante y después del proceso de los alimentos para garantizar un alimento inocuo a su invitado,

y no poner en riesgo su salud .

3 pasos que debe seguir.

Detergentes.

Desinfección.

Esterilización.

Vidrios son mas frágil cuando esta frío.

Las rupturas, las marcas hechas con metal y las raspaduras en el vidrio están directamente relacionadas con el nivel de inventario en uso y la rotación de la vajilla durante su uso.

Debe haber espacio de almacenaje disponible en las áreas de preparación de alimentos para poder guardar la vajilla.

Los espacios de almacenaje deben estar diseñados de tal forma que aseguren una rotación constante de la vajilla.

Si no se mantienen los niveles recomendados y de inventario en uso, habrá una escasez de vajilla en ciclos máximos.

Esto ocasionará demoras en el servicio al cliente, servicio deficiente.

Del setenta y cinco al ochenta por ciento de las rupturas ocurren en el área de platos sucios.

La rotación es excesiva y los empleados no reciben una capacitación adecuada.

El control de las rupturas en el área de platos sucios comienza con la operación de traslado de la mesa al área de platos sucios.

Las consideraciones importantes en el traslado de vajilla sucia son: Separar la vajilla sucia, la cristalería, la cobertera y las piezas huecas de la vajilla antes de trasladarlos.

Contar con cajas individuales para cada uno de los grupos antes mencionados.

El traslado de la vajilla con objetos de metal puede ocasionar marcas en los platos.

Vajillas "L"

El traslado de la vajilla con la cristalería puede ocasionar rupturas excesivas de copas y vasos.

Llenar las cajas de traslado hasta el punto en el que nada se pueda caer durante su traslado.

El área de platos sucios deberá tener forma de "L", a menos que trabajen en ella dos o más operadores.

La forma de "L" reducirá la distancia que se debe caminar para manejar el lavaplatos.

Esto le dará al operador más tiempo para fregar y limpiar la vajilla sucia.

La encimare del área de platos sucios debe tener la capacidad para almacenar las cajas de traslado durante las horas pico.

Mesas y sillas

Verifique que las mesas estén seguras y que hayan sido ensambladas con seguridad antes de poner equipos o comidas.

Verifique que las patas de las cillas no estén rotas.

Verifique que las cillas estén en buen estado y limpias (no pegajosas)

Cargue solamente el peso que sea seguro y cómodo.

Invitados

Estar conscientes de que los clientes en (particular) los niños pueden moverse o empujar las cillas hacia atrás justamente al servir las comida.

Borrachos o agresivos

Use palabras suaves calmadas déle lo que les pida y saldrán de el o ella pronto si el mismo se pone agresivo física o verbal llame la policía no trate usted de sacarlos de su local.

Bebidas

El café es una bebida que acostumbramos a consumir regularmente, la cantidad de calorías que aporta va a depender de su forma de preparación. Generalmente los cafés fríos van a contener una cantidad mayor de calorías debido a que a la hora de prepararlos prefieren agregar crema, leche, chocolate ó algún otro ingrediente que va a aumentar la cantidad de calorías en la bebida.

Los refrescos naturales elaborados en el restaurante representan una opción saludable si son elaborados con la fruta natural.

Licores

Actualmente el mercado ofrece una gran variedad de presentaciones y muchas veces las calorías van a depender de la marca, pero en general podemos encontrar entre 50 a 60 calorías de diferencia entre una bebida y otra. Recuerde que un producto (Ligero) nos indica que el alimento contiene una menor cantidad de calorías con respecto al producto original de la misma marca. Nota: siempre pida identificación de mayoría de edad a cualquier invitado a la hora de servir bebidas alcohólicas, puede ser multado y pueda que pierdas la licencia de bebidas alcohólicas.

La limpieza diaria

Pisos agua con jabón.

Baños.

Debajo de los equipos.

Área del comedor debe estar óptimas condiciones.

Cada vez que un invitado deje el restaurante el personal debe limpiar la mesa y cillas y prepararlas para el próximo invitado.

Las cristalerías deben estar limpias.

Parqueo sin basuras o objetos sólidos.

Las aceras del restaurante deben estar libres de gomas de mascar limpia para tu invitado.

Al menos una vez a la semana lavarlo con agua y jabón.

Equipos a presión de agua son una buena opción.

Los productos químicos deben ir en un almacén separados del almacén de comidas.

Limpieza

Limpieza y desinfección deben satisfacer las necesidades particulares del proceso de los alimentos.

Prevención bacterias

Prevenir bacterias químicas o físicas.

Restaurante debe mantener por escrito los procedimientos de limpieza incluyendo los agentes y sustancias utilizadas.

Limpieza y desinfección es garantizar al consumidor un alimento inocuo.

Con el fin de prevenir la contaminación biológica, química y física de los alimentos productos inocuos.

La higiene de los equipos y procesos.

Mantener la higiene en todo momento de acuerdo con las leyes de salud alimentarias.

Limpiar significa eliminar la suciedad visible de las superficies restos de alimentos mediante el uso de agua y detergentes cepillo.

Usted debe describir todo tipo de operación, frecuencia, implementos y procedimientos.

Entrenar a su empleado cada que tiempo cambiar las aguas cantidad de agentes químicos para evitar molestar a sus invitados o empleados.

Lista de áreas que deberán ser limpiadas

- Piso diario.
- Paredes una vez al mes según lo necesite.
- Vidrios cada vez que los vea manchados o grasos
- Baños cada 30 minutos debe ser revisado por un empleado de mantenimiento.
- Almacén debe limpiarse diario.
- Debajo de los equipos diario.
- Campanas una vez al mes.
- Filtros de las campanas una vez al mes.

- Refrigeración, piso diario.
- Refrigeración paredes dos veces por semana.
- Parqueos recoger las basura visibles 3 veces al día.
- Jardinería cada 15 días.
- Repisas 10 a 15 días.
- Picadores: al terminar cada corte (trate de picar todo una vez.)
- Procesadoras al terminar cada proceso (trate de procesar todo una vez.)
- Agua caliente limpieza
- Limpiar mesa inmediatamente que se trabaje con un alimento y valla a usar otro.
- Todos los equipos que estén en contacto con los alimentos en cualquier a de sus etapas de elaboración.
- Trapos y todos que se utiliza para limpiar y desinfectar.
- Se recomienda el uso de toallas de papel descartabas para la limpieza de las superficies.

Si se utiliza trapos preste atención a la higiene de los mismo pueden dejar de cumplir la función de limpiar y convertirse en vehículo de bacterias que contaminaran sus alimentos.(Lávelos con agua caliente y jabón frecuentemente.)

El uso de guantes para servir las comidas cocinadas.

No recoja cosas del piso con guantes de preparar comidas estos deben ser desechables.

No hablar encima de las comidas.

Gerente que reviso que está limpio.

Medidas tomadas.

Desinfectar.

Significa eliminar la suciedad no visible de las superficies microorganismo mediante el uso de productos químicos desinfectantes, agua caliente a vapor.

Que se deberá mantener limpio y desinfectado?

Utensilios: cuchillos, cucharas, tablas recipientes, afiladores de cuchillos, y todos los utensilios que su restaurante use.

Desechos

Botar los desechos para evitar contaminaciones.

Los desechos son considerados residuos.

Los residuos orgánicos e inorgánicos proceden del proceso productivo.

Prevenir contaminaciones

Al botarlos en el tanque de basura que está afuera mantenga la tapa del basurero cerrada para evitar la propagación de moscas.

Prevenir la contaminación de materia prima, producto en proceso, producto final, equipos, utensilios retirándolos rápidamente de las áreas de preparación y servicio, en sus recipientes sanitarios.

Capacitar al personal que manipula o encargado de la recolección y disposición de los residuos del programa y importancia de los residuos y los factores de riesgo que pueden generar contaminación del producto final. Nota: todo residuo solido putrescible o no, con excepción excretas de origen humano o animal.

Residuos sólidos: todo objeto o, sustancia o elemento en estado sólido que se abandona, bota o puede se reutilizase.

Residuos comerciales aquellos que son generados en establecimiento comercial.

Residuos plásticos van en recipientes separados.

El comedor deber tener su recipientes ser recogidos por personal interno o persona asignada.

Las enfermedades transmitidas por los alimentos mal manipulados.

Poca higiene o pobre control de plagas.

Control de plaga "BAC!"

En los diferentes ambientes presentes dentro del establecimiento se crean hábitat con los que interacción las especies biológicas microorganismo, insectos desencadenando situaciones e riesgo para los alimentos en proceso o personal manipulador.

La presentación o contaminación su composición por leves molestias, hasta daños severos.

Algunas plagas son transmisoras de agentes infecciosos causantes de enfermedades.

Las moscas y los roedores son las plagas mas importantes al permitir la presencias de ellos y la proliferación de esta plagas.

Desarrolle un programa preventivo

Proteja las áreas del restaurante del ingreso o aparición de moscas y roedores mediante la implementación de medidas preventivas y controladas de saneamiento ambiental.

Establezca procedimientos documentados sobre el manejo y control de plagas.

Entrenar personal del restaurante del manejo y periodicidad de la aplicación de los diferentes controles teóricos como técnicos.

El programa aplica a todos los restaurantes.

Desratización: control de roedores ratas ratones dentro y fuera del local.

Hay empresas que son especializadas en control de animales infecciosos como las ratas, ratones, cucarachas, moscas.

Estas poseen una licencia saben la cantidad que deben de utilizar en su negocio.

Estas empresas poseen un calendarios y llegan en horarios que no hay personal del restaurante manejando con comidas.

Lave todo antes de usarlos cuando ellos suministren insumos.

Esta empresa colocaran trampas con cebo en la parte eterna del restaurante estas deberán ser seguras y cerradas.

Trampas cerradas para cucarachas en el área del almacén.

Todos los pesticidas y rodenticidas son considerados venenos y deben mantenerse en lugares cerrados y lejos del área de procesamiento de los alimentos.

Una fumigación.

Cubrir todo antes de la fumigación.

Se deberá lavar todo antes de usarlos.

Cintas adhesivas o trampas de forma en el interior del restaurante lugares seguros y deberán ser reemplazadas con frecuencia.

Plagas

Son especies de plantas o animales indeseables que pueden contaminar los alimentos.

Reparaciones

Control físico preventivo del restaurante "BAC"

Las aberturas del establecimiento hacia el exterior con mayas o selladas se protegerán el espacio.

Prevención

Resbalones y tropezones.

Calzado cerrado.

Evitar quemaduras.

Si se cae un equipo.

Calzado solido y aprueba de el riesgo de resbalo.

Los resbalones o caídas ocurren en pisos mojados

Tropezones se debe a objetos dejados en el suelo no bien organizados.

Revise su área de trabajo antes y durante el personal este trabajando anticipase a los problemas que puedan surgir.

Limpie inmediatamente los derrames o comidas caidas al suelo.

Grasas: use arenillas o desengrasados y aguas.

Coloque letreros de advertencia (piso mojado.)

Los pasillos deben de estar despejados puede haber una emergencia.

Las grietas en el piso deben ser reparadas inmediatamente.

Debe cubrir los pies debido a derrames de líquidos calientes.

Los cables, mangueras, escobas, que estén en el piso deberán ser guardados en área de almacén.

No corra o camine muy rápido.

No deje estas cosas para luego cualquier empleado puede caerse o resbalar.

Amarre el cabello

Colas o pelo largo no es permitido pueden enredarse en las manillas de puertas pueden caer cabellos a los alimentos.

No mangas largas y sueltas pueden enredarse en las manillas de puertas pueden prenderse fuego de las velas.

Este consciente de las rutas de entrada y salida si se usan puertas de vaivén o este consciente que pueden haber diferentes puertas de entrada o salida a la cocina.

Si es una sola puerta de vaivén de entrada /salida cerciorase que nadie venga de la dirección contraria, acérquese con cuidado.

Servicio.

La mejor propaganda es buen servicio.

Comida fresca caliente o fría.

Ensaladas frescas y limpias.

Rapidez.

Sonrisa.

Bienvenida.

Mire fijo a los ojos del invitado con una sonrisa y pregúnteles como estas hoy?

Incrementar la venta deseas un

¿Postre?

¿Ensaladas?

Solo un artículo por cliente mas de uno puede incomodar al invitado.

Gracias por venir a.... (nombre de tu restaurante.)

No digas ¿algo mas?: suena como que tu no estás interesado en vender o estas apurado (a)

Un personal entrenado para tratar con el público amable respetuoso.

El invitado siempre tiene la razón

Cuando tenemos un equipo bien entrenado menos serán las normas para resolver problemas.

Un cliente disgustado se lo dirá a 10 personas es la regla.

Una experiencia desagradable puede tener un efecto catastrófico.

Regale un café o un refresco mientras el invitado espera por culpa de un atraso en su orden.

Determine el nivel de responsabilidad de cada empleado desde un principio.

¿El empleado deberá resolver el problema o deberá hablar con el gerente?

Recuerde hay costo tangibles e intangibles junto con frustraciones.

Ofrezca les un descuento en su comida o en su próxima visita para que el cliente se sienta que es importante realmente lo es el nos paga nuestros sueldos.

Invitado satisfecho se lo dirá a 3 a 4 personas.

Manejo de dinero $

Gerente deberá contar todo el dinero antes de abrir el restaurante.

Depósitos deberán efectuarse a diferentes horas o antes de abrir el restaurante.

Si usted tiene ventana de recoger comidas deberá darles la bolsa de dinero a un empleado para que se lo pase a usted por la ventana así usted no corre el riesgo de ser robado.

Sería preferible ir al banco con un empleado.

Aproveche y traiga del banco cambios para el día.

Mantener un menudeo en la caja registradora.

Monedas.

Dinero

Billetes / Cajero

$ 1.

$ 5.

$10.

$20.

no mantener mas de $50 en su caja registradora.

Cajero deberá sacar de su registradora el dinero ponerlos en un sobre y escribir la cantidad y sus iniciales deberán dárselo al gerente a cargo.

Ningún otro empleado deberá andar en la caja registradora solo la persona asignada.

El cajero deberá dar cuentas al gerente de su dinero por eso no debe nadie abrir la registradora.

En caso de que el cliente diga que les falta dinero en su cambio

Gerente de turno deberá sacar un reporte delante del cliente y contar el dinero para verificar si tiene dinero demás o puede pedirles el número de teléfono al cliente y llamarlo al terminar el turno.

Gerente deberá pedir disculpa al invitado por la inconveniencia.

Cajero debe estar consciente que usted les va a pedir disculpa al invitado.

Aunque el invitado no tenga la razón eso no significa que el dinero que el o ella exige se les va a dar sin verificación.

Gerente deberá entrenar al cajero a manejar la caja registradora y o ayudar a poner las comidas en bolsas de papel o plásticos.

Cajero no puede manejar dinero y pinzas para las comidas, deberá lavarse las manos ponerse guantes antes de tocar alimentos.

La salud del invitado como las de los empleados es importante para la salud del negocio (restaurante.)

Cajero es la primera persona con la que su invitado va a contactar.

Cajero deberá mantener una sonrisa y una actitud positiva.

Cajero Hospitalidad.

Cajero servicio

Cajero velocidad.

Cajero / calidad del producto

Cajero deberá tener una apariencia limpia y organizado (a)

Cajero deberá dar la bienvenida a su invitado.

Cajero deberá sugerir al menos un producto.

Cajero deberá complacer al invitado este si es diferente al menú debe hablar con el personal que va a servir la orden.

Cajero es importante que se asegure que el invitado lleve la comida correcta.

Si el cliente regresa por un error la comida devuelta deberá botarse en presencia de los invitados, esa práctica les dará confianza a su s invitado que usted no vende comidas vieja o comidas manipuladas por su invitado (a) salió del área de preparación la manipulo un invitado y no las puede regresar.

Cajero deberá estar alerta a movimientos extraños para prevenir asalto hurtos.

Cajero deberá estar pendiente si se derramo un líquido en el piso y pedir al de mantenimiento que haga la limpieza es necesario poner un cartel de piso mojado inmediatamente.

Gerente deberá asegurarse que la caja fuerte este cerrada antes de finalizar el día.

Tu éxito

Tu restaurante puede que tener éxito.

Equipos apropiados.

Mantener un inventario óptimo

Lo que necesita.

Empleados con experiencia.

Local limpio.

Local pintado.

Local buena imagen tanto de empleados como del restaurante.

Revisando las temperaturas de tus comidas.

Felicite a sus empleados dándoles las gracias.

Publicidad

Organice un evento especial para la gran apertura día hora a los medios de comunicación.

Radio.

Televisión.

Propagandas en la calle cerca del local.

Carteles frente al restaurante.

Twitter, Facebook.

Especial de apertura.

Calendarios.

Logotipos.

Jóvenes empleo

Las provisiones sobre el empleo de jóvenes fueron promulgadas para asegurar que cuando los jóvenes trabajen, el trabajo no arriesgue su salud, bienestar u oportunidades educacionales.

Los jóvenes que trabajan generalmente tienen los mismos derechos al sueldo mínimo y a las protecciones de sobre tiempos que se les otorga a los adultos mayores.

Se les permite trabajar a jóvenes de cualquier edad en negocios cuyos únicos dueños sean sus padres.

Equipos y jóvenes

Ejemplos de equipo/maquinaria declarado (a) arriesgado (a) en establecimientos de servicios de comida incluyen máquinas motorizadas de preparar carnes (corta fiambres, serruchos / sierras, maquinaria de hacer pasteleos de carne, moledoras, o cortadoras), batidoras comerciales y cierta maquinaria motorizada de panaderías.

No se les permite a los empleados menores de 18 años que operen, introduzcan material, armen, ajusten, reparen o limpien dicha maquinaria.

18 Años de Edad

18 Años de Edad — En cuanto un (a) joven cumple los 18 años de edad, él o ella ya no está sujeto (a) a las provisiones federales sobre el empleo de jóvenes.

16 & 17 Años de Edad — Jóvenes de 16 y 17 años pueden ser empleados sin límites de horas en cualquier ocupación salvo en aquéllas declaradas arriesgadas por la Secretaria de Trabajo.

¿QUÉ ES EL HOSTIGAMIENTO SEXUAL?

Palabras no permitidas entre empleados o hacia el o la invitado (a)

Mi vida.

Mi amor.

Malas palabras.

No ofender al empleado por unos errores cometidos.

Tocar: se puede considerar como acoso sexual.

tocar al empleado puede causar en terminación inmediata o suspensión.

El hostigamiento sexual es una realidad a la que se enfrentan miles de personas en su trabajo, la inmensa mayoría son mujeres, pues por regla general, se encuentran en posiciones laborales subordinadas.

Generalmente en los centros de trabajo no se acepta que existe hostigamiento y las compañeras que lo sufren no saben a dónde acudir o ante quien poner una queja.

Muchas veces se sienten culpables y se preguntan ¿Cómo provocan esa conducta del hostigador?

Temen contarlo a su familia o a sus propias compañeras y de esta manera, las presiones laborales o amenazas de perder el empleo, las deben soportar solas.

Es toda conducta con implicaciones sexuales no solicitadas ni deseadas, sea verbal o física, que humilla, insulta y degrada a las personas.

Esta conducta puede ser repetitiva o presentarse una sola vez.

Continuación: Sexual

Puede ocurrir en cualquier lugar y provenir de un superior a un inferior gerente, de un compañero de trabajo o un cliente.

En muchos casos se disfraza de afecto o atracción, pero en realidad es una demostración de poder con la cual se intimida o amenaza.

Esto provoca en la víctima una angustia creciente que deriva en trastornos de la salud y afecciones al desempeño del trabajo.

Contactos físicos innecesarios, como caricias, rozamientos o palmadas.

Observaciones sugerentes y desagradables con relación al cuerpo y la manera de vestir.

Invitaciones comprometedoras que causan malestar.

Demandas de favores sexuales.

Agresión física, presiones laborales y amenazas ante la negativa de aceptar.

Gestos comentarios, chistes, bromas pesadas que causen e insultos y agresiones.

Cuando un Gerente hostiga sexualmente.

Al rechazar las proposiciones de un jefe la trabajadora se enfrenta a un proceso de hostigamiento laboral que va desde el retiro de permisos y supervisión más estricta de sus labores, hasta el cambio de horarios y centro de trabajo para perjudicarla, hasta el despido injustificado.

Muchas mujeres prefieren pedir su cambio o incluso, renunciar.

Esto no es recomendable.

Es necesario ejercer nuestros derechos y aprovechar las instancias existentes.

Buen jefe

Para aumentar la productividad y mantener alto el espíritu del equipo de trabajo, hay dos cosas imprescindibles: un buen ambiente laboral, y un buen jefe a cargo.

Si te toca estar en los zapatos de la autoridad, y quieres ser bienvenido por todos, lee estos consejos para saber o refrescar las ideas que te convertirán en un gran jefe, para el provecho de todos.

Imagen buen jefe

Ante todo debes analizar cuál es la imagen que tienes en tu mente de lo que es un jefe, pues esto determinará tu comportamiento en el rol a cargo. El buen jefe es un verdadero líder, que sabe guiar a los demás hacia el objetivo común.

Un buen jefe, dicen los empleados, es quien los comprende pero que los sabe comandar, que no sea un amigo, pero tampoco un extraño, y que sepa valorar y apreciar la labor de sus subalternos en pro de los objetivos comunes, hilándolas hacia el cumplimiento de la meta general.

Si en tu mente guardas la imagen del jefe gruñón, encerrado en su oficina, entonces sin quererlo perseguirás este papel.

Crea una imagen de un jefe al que admires, como te gustaría que fuese tu propio jefe.

Puedes inspirarte en celebridades, en personajes de novelas y películas o en lo que sea mejor para ti; metalizase en esta imagen de jefe, y tu mente la hará realidad.

Técnicas buen jefe

Técnicas para lograr ser un buen jefe.

A continuación, veremos los puntos claves a partir de los resultados de encuestas realizadas a empleados de diversos rubros y procedencias, para que las analices y hagas los cambios necesarios en tu propio accionar:

Jefe respetuoso y buen comportamiento

El jefe debe dar las pautas de comportamiento a seguir, debe ser un modelo para todo el plantel laboral.

El jefe viste siempre adecuadamente para la ocasión: así como en un taller mecánico no sería propicio ir con corbata, pues impediría ponerse en acción y marcaría una enorme diferencia con los subalternos, de igual manera en una oficina el jefe no debería asistir con jeans optan talones cortos.

Viste de acuerdo al rol, y actúa con elegancia y cordialidad.

También mantén la sonrisa en el rostro, esto es una señal definitiva de satisfacción, cumplimiento, y elevará la motivación del personal.

Jefe levanta la voz

Respeta a tus empleados, usa siempre un tono de voz agraciado y elige las palabras a decir, evitando groserías o malos comentarios.

Aunque estés regañando a un empleado que haya cometido un grave error, evita elevar el tono de tu voz.

El jefe mejor apreciado no es gritón, sino sensato, templado en sus emociones, y cordial.

Evita causar temor, buscando en su lugar ganar respeto.

Un buen jefe fomenta la participación y la formación

Un buen jefe conoce el mercado en que se desenvuelve, y lo reconoce como cambiante.

Por eso, el jefe debe tomar cursos y asistir a seminarios conociendo nuevas herramientas y tecnologías, y conociendo cada campo de actividad de la empresa como si se dedicara a ello.

También fomenta la formación de los subalternos, incentivándolos a seguir aprendiendo y conociendo constantemente.

El buen jefe sabe apreciar las herramientas a disposición, y reconoce que las buenas ideas provienen de cualquier origen.

Para ser un buen jefe, procura dar a todos los empleados un espacio de diálogo, escucha sus ideas, felicítalos por sus iniciativas y logros, y así podrás avanzar más rápidamente hacia la meta común.

Pago por capacitación

A menudo los meseros no son pagados por el tiempo que pasan en capacitación.

Si la capacitación es obligatoria, un empleado debe ser pagado por lo menos el salario mínimo por este tiempo.

Si el aprendiz no recibe propinas durante este tiempo, él/ella debe ser pagado el salario mínimo completo por hora de acuerdo a su país de origen o estado.

Espero que este libro les sea de herramienta diaria a los que trabajamos con alimentos tanto en casa como en los restaurantes, al final del día es tu empresa es tu negocio, y debemos poner cuidado al brindar nuestro servicio, exigiendo respeto y dedicación.

Si no tienes pasión por esta industria no me prepares mi comida.

CONSEJOS PARA GERENTES

Los primeros días dedíquelos a escuchar y a observar. No opine nada ni se dedique a poner "orden" en la empresa y a dar instrucciones que podrían no ser oportunas o las más adecuadas. Tenga un poco de paciencia y no se deje llevar por sus ímpetus de corregir lo que a su juicio no se hace correctamente.

En esos primeros días, conozca la empresa, todas sus instalaciones, sus actividades, el sector en el que opera. Hágase una idea lo más completa posible de ella y de su entorno, del mercado en el que se mueve. Tome notas. No deje de entrar en todos los rincones de la empresa. Puede tomar fotos con su cámara digital, para analizar detalles con calma. Si es Vd de titulación o experiencia técnica le resultará más fácil y atractivo. Si viene del ámbito económico o administrativo, deberá de hacer el esfuerzo de meterse en esos temas técnicos, al menos hasta cierto punto, que le permita conocer lo mejor posible qué sea el restaurante.

Le guste o no, tendrá que entrar en los números y las cifras económicas del restaurante. Pida balances de situación, cuentas de pérdidas y ganancias, memorias anuales, balances de sumas y saldos, extractos de cuentas. Con ésta información podrá ver la situación y marcha económica de la empresa, su historia reciente económico-financiera. Y sabrá, más o menos, donde está y cuál es su punto de partida. Al final, las cifras contables y económicas son básicas para el día a día de un gerente. Y, con frecuencia, son las que aprietan más y ponen a prueba la resistencia personal.

Pregunte y conozca si el restaurante lleva algún sistema de cálculo y control. No se sorprenda si le dicen o llega a la conclusión de que no se lleva nada de eso. Al menos, nada que sea fiable. La mayoría de los restaurantes no tienen establecido un sistema de estimación y control. Los hay que sí controlan y conocen los gastos directos, los que afectan a los materiales empleados (materias primas, auxiliares o mercancías para la venta) y la mano de obra directa (el personal que trabaja directamente en el restaurante o prestación de un servicio).Pero no los costes indirectos y los gastos generales. Como Vd. sabe, sin duda, es vital conocer bien los costes de la empresa, de las secciones y/o de los productos y compararlos con los precios de venta.

No se desanime si encuentra que, a pesar de conocer bien los costes, le insisten en que no les importa mucho ya que el restaurante es muy rentable y gana dinero. Esto le pone en bandeja muchas medidas a tomar e ideas en este terreno que podrán llevar al restaurante a ir todavía mejor, ser más competitiva y ganar más.

Para todo lo anterior, es fundamental que hable con la gente. Deberá conocer desde el primer día al personal del restaurante. Primero a quienes van a ser sus colaboradores directos, después al resto del personal. Entre los primeros, tendrá posiblemente y según los casos a un Director, Jefe o Encargado (los nombres del cargo variarán en consonancia con la dimensión y organización del restaurante) un responsable de Administración. Sea cual sea el tamaño de su nuevo restaurante, habrá alguien al frente de producción, administración, comercial y almacenes. Y junto a ellos, puede haber figuras tales como un jefe de personal, un responsable de calidad o un Jefe o Encargado del área Técnica, por poner varios ejemplos. Este será su equipo. Debe tratarlos desde el principio y conocerlos.

Una vez que sabe sus nombres, sus puestos de trabajo y, más o menos, lo que hacen, tenga en cuenta que entra en una selva: la de las intricadas redes de relaciones humanas y profesionales en el restaurante.

Y Vd. es nuevo en ella, desconoce no solamente las características y personalidades de cada cual, sino los lazos de unión y las luchas intestinas, más o menos soterradas o a plena luz del sol, que en todas partes suelen existir. Por este motivo, le recomendamos inicialmente ¡prudencia!. No "se case con nadie". No se deje atrapar por las redes que le pretenda tender alguno de esos colaboradores, que trate de hacerse con Vd., ser su leal y firme colaborador y amigo y ganar desde el primer día su confianza y su favor. El empleado o subordinado suele dar señales de vida en el primer momento, para ganar posiciones respecto a otros compañeros. Y esto es extensible hasta el último empleado del restaurante.

Ya está Vd. en guardia y prevenido. Pero continúe algunos días más en esa actitud. Escuche, oiga, pregunte, comente...con todos y cada uno de esos colaboradores. Trate de conocer su manera de ser, al mismo tiempo que observa y aprende lo que hacen y cómo lo hacen. Es una primera idea, necesitará más tiempo para llegar al fondo de todo esto. Pero no se deje llevar a juicios definitivos sobre las personas desde esa primera idea. Por lo general, la gente trabajadora, responsable, eficaz y leal no se muestra así, tan a la vista, desde el primer día. Deberá Vd. de ir descubriéndola poco a poco.

Al resto de los empleados deberá de ir conociéndolos en el sentido de saber sus nombres, sus circunstancias laborales en el restaurante y el trabajo que desempeñan.

Está Vd ante las personas que van a estar más cerca de su mesa de trabajo. Aunque no lo crea, muchos asuntos de importancia van a pasar por sus manos y, en cierta forma, se la juega un poco con esas personas. En especial de cara al exterior, a clientes, proveedores, bancos, terceros en general. Y, también, antes sus propios colaboradores. Empiece por observar bien a quien tiene en esos puestos y su forma y manera de ser.

Pregunte y escuche a sus colaboradores sobre los más diversos aspectos del restaurante. Cada cual le va a dar sus opiniones teñidas por su propia subjetividad. Es ley universal. Nadie escapa, por lo general, a dar sus juicios acerca de acontecimientos, situaciones y personas con total neutralidad y objetividad. Pero, nadie mejor que esas personas, que llevan un cierto tiempo en el restaurante, para darle información abondante.

No obstante todo lo anterior, que le llevará un tiempo, con frecuencia no es posible no aportar nada personal en ese período. El restaurante hay que dirigirlo y en él hay que dar órdenes. Es necesario y los empleados esperan, a veces con curiosidad y expectación, a que el Gran Jefe, en este caso Vd., las exprese y haga saber. Así que no podrá escurrir el bulto y esperar a saber todo del restaurante. Hay que jugársela desde el principio. Eso sí, asesórese con sus colaboradores y piense bien lo que va a ordenar. Que en esos inicios sea lo imprescindible para que el restaurante funcione sin problemas. Pero no emprenda ya las grandes reformas que, por otra parte, puede que no sean tan necesarias.

Tras esa etapa introductoria, Vd. ya conoce y comienza a ser conocido. La gente ha comenzado a formarse un juicio sobre su nuevo jefe. Comenta, en privado, cosas buenas o malas, serias o informales. Es la vida laboral. Vd. tiene que irse planteando cuales son los puntos fuertes y los débiles que parece tener el restaurante. Escríbalos en su ordenador, haga sus primeros planes, fije prioridades, evalúe costes de todo tipo, esboce una planificación. Recuerde que todas las reformas y novedades es imposible ponerlas en marcha a la vez y, además, no es conveniente. La gente en todas partes tiene rutinas de trabajo, buenas o malas, racionales o absurdas, eficaces o de gran dispendio de tiempo y de medios. Esas rutinas han de analizarse recordando que cuando se va a modificar algo, el coste de esa modificación no ha de superar al beneficio a obtener. Y aquí coste y beneficio lo empleamos en sentido amplio, más allá de los conceptos económicos.

Dentro de la planificación general de las actividades del restaurante, si Vd ha decidido comenzar a hacer cambios, modificar la estructura personal o material, reformar o racionalizar procesos o, sencillamente, cambiar de puesto de trabajo a personas, le recomendamos que lo explique bien a sus colaboradores, a su equipo. Busque convencerlos, escuche sus razones y sugerencias. Si tiene que modificar su criterio inicial por alguna convincente razón de cualquier colaborador, no se obstine en oponerse a ello. No caiga en la trampa de dudar, pensando que su autoridad y su liderazgo se pueden ver resentidos por modificar criterios. Es de sabios rectificar y es de tontos o soberbios, llamados a estrellarse, tarde o temprano, el mantener tozudamente ideas preconcebidas o planes ideados. Un equipo tiene más ojos y más cabezas que el Jefe. Aunque el Jefe, aparte de máximo responsable, sea el ojo vigilante y la cabeza pensante. Lo que tratamos de indicarle es que, dado que Vd lleva todavía poco tiempo en el restaurante, corre el riesgo de hacer una revolución que acabe por empeorar las cosas o de encontrarse que el personal le pone la proa, al no saber a qué viene ese cambio si allí siempre se hicieron las cosas de otra manera. Y funcionaban. Antes hay que ganarse al personal para la causa, si la causa ha sido testeada en reuniones y comentarios con sus colaboradores inmediatos.

Por el contrario, y sin que sea renegar del punto anterior, Vd. deberá sacar las medidas correctoras, los cambios, reformas o novedades que crea debe poner en marcha, para el bien futuro del restaurante, caiga quien caiga. Aunque haya oposición, que la habrá. Tenga en cuenta, además que siempre hay alguien que sueña con llegar a ser el gerente o que piensa que a él le debería corresponder ese puesto. Y ya sabe, ¡enemigo a la vista y trampas en el camino! Y recuerde que quien le contrató, el empresario o dueño del restaurante, lo ha hecho para mejorar o para solucionar problemas. Y ahí no se puede fallar. Pero con calma y sentido común.

No deje de llamar la atención, mejor siempre en privado, al que se lo merezca, es decir al que Vd considere que debe hacerlo. No sea blando. Pero hágalo con buenas formas y sin herir. Es mejor, ser convincente y ganar para su causa al que ha de dar un "tirón de orejas". Todos recordamos nuestro "primer puñetazo en la mesa" y nuestro primer toque de atención a un empleado o colaborador. De todo eso se aprende. Pero recuerde que también es bueno reconocer méritos, éxitos o una buena labor. También hay que felicitar o felicitarse en equipo cuando sea necesario y exista una causa u ocasión. Hay jefes que, en plan duro, dicen y piensan que lo bueno que haga el personal era su obligación hacerlo. Lo malo, en cambio, es una falta y hay que corregirlo por las buenas o, más bien, por las malas. Este tipo de jefes, y he conocido unos cuantos así, acaban siempre y al cabo del tiempo, por los suelos. Fracasados y despreciados por su personal. Aunque a veces, durante un tiempo, vuelen y vuelen, pareciendo que alcanzan la cima.

Cuide el buen ambiente y las relaciones humanas entre su gente. Dedique algo de su tiempo, escaso sin duda, a vigilar este tema. Mire, los tiempos van cambiando y hoy en día temas como el clima laboral en el restaurante son muy valorados. Y con un buen ambiente, se puede producir y trabajar más y mejor. Y esto lleva a mayor competitividad.

Delegue las funciones y tareas que sean precisas para un buen funcionamiento del restaurante. No haga que todo dependa de Vd. y de su presencia física. Quizás se haga imprescindible, pero se puede resentir la actividad del restaurante, y la paciencia de algún cliente o proveedor. Pero no deje de supervisar todo lo que ha delegado. Es una buena solución diseñar un sencillo manual u hojas de funciones y responsabilidades. Defina, para cada empleado del restaurante, qué tareas ha de hacer y qué funciones le corresponden y asígnele la cuota de responsabilidad correspondiente. Así podrá pedir cuentas a cada cual de lo suyo. Y esto es organización.

Procure adelantarse siempre, un poco o un mucho, a su tiempo. Es decir, no se quede en la rutina ni se duerma en los laureles. El mundo de la gastronomía es muy dinámico. Y el cambio se desplaza en forma galopante por el día a día. No pierda de vista lo que puede llegar mañana o pasado mañana. Por ejemplo, no se quede atrás en el uso de internet y las telecomunicaciones, como tampoco lo haga en las máquinas y utillajes que la técnica va lanzando al mercado. Y así, en todos los campos. Dedique algo de su tiempo a leer, ver, seguir por internet, acudir a ferias o eventos en los que vea como van los demás y como viene el futuro. Dentro siempre de sus posibilidades y las de su restaurante.

No se agobie. No se agote. No se encierre en su despacho u oficina y pierda de vista el exterior y la luz del sol. Vd. tiene, seguramente, una familia. Tiene unos amigos, unos hobby o aficiones, unos valores, unas creencias... y tiene una salud. Todo este entorno personal es vital para el ser humano. Y Vd, gerente del restaurante, es un ser humano. Y por ello, tremendamente limitado. No podrá hacerlo todo. No podrá acabar su día habiendo tachado de su agenda todo lo que se había propuesto hacer. Se habrá quedado a medias. E incluso, puede que haya más cosas anotadas al final del día que al principio. Y así pasan al día siguiente. Recuerde que no pasa nada...uno de los lemas de mi vida, heredado de mis mayores, es el de que, al final, ¡no pasa nada!. Así que tómese su tiempo de descanso y atienda a los suyos. Haga deporte, si lo practica, o lea y escuche música, si le gusta. Haga algo más que pensar en el restaurante. Somos muchos los que hemos sobrevivido a esas situaciones. Y aquí estamos. Se pasan noches oscuras, éxitos, fracasos, triunfos, indecisiones, traiciones. Desastres económicos o técnicos...pero, también, se hacen buenos amigos, se adquieren experiencias, se aprende, se viven buenos momentos.

La clave del éxito

La clave del éxito o fracaso de un restaurante depende, en gran parte, de tener un buen gerente a cargo del negocio. Ser un directivo va más allá de la parte técnica. Hay que desarrollar características personales, como aprender a organizar equipos de trabajo, capacidad para complementarse, e incluso tener visión.

Los gerentes deben ser correctamente liderados por los empresarios ya que ellos tienen a cargo la administración de departamentos y equipos que serán los responsables de que las ventas del restaurante aumenten o desciendan. Por esto, la elección del administrador es vital.

Ellos deberán ser personas comprometidas, de confianza y que estimulen al personal.

1. Un buen gerente es un verdadero líder de su equipo de trabajo, que motiva y estimula a su gente.
2. Es una persona auto motivada, positiva, disciplinada, comprometida y competente.
3. Un buen gerente se rodea de un personal entrenado y comprometido.
4. Es el que reporta y saca de su equipo a los mediocres, cuando éstos no muestran interés en mejorar.
5. Un buen gerente analiza y busca oportunidades para mejorar el servicio al cliente.
6. Un buen gerente vigila y busca que todo esté en correctas condiciones y funcional.

7. Un buen gerente motiva y supervisa que su personal a cargo tenga buena presencia y buena actitud.

8. Un buen gerente conoce a la perfección su negocio y logra que sus empleados estén igual de informados, para lograr pasos positivos.

9. Es quien está siempre atento a las exigencias del restaurante.

10. También es quien tiene claras sus metas, su factor económico clave del éxito y se concentra en alcanzarlo.

11. Un buen gerente reúne cada semana a su equipo de trabajo para conocer lo que piensan y escucha sugerencias en base al cual elabora un plan de acción.

12. El gerente es quien logra crear un ambiente de trabajo estimulante.

13. Un buen gerente sabe que su propio crecimiento y el de su equipo depende del restaurante.

14. Un buen gerente sabe lo que quiere su cliente y que es lo que diferencia a su servicio del de la competencia.

15. Es una persona que supera las expectativas y mantiene un alto nivel de motivación.